¡Los animales también tienen clases!

Artrópodos

Lisa Colozza Cocca y Santiago Ochoa

Antes, durante y después de las actividades de lectura

Antes de la lectura: Desarrollo del conocimiento del contexto y del vocabulario académico

Las estrategias «Antes de leer» activan los conocimientos previos y establecen un propósito para la lectura. Antes de leer un libro, es importante utilizar lo que ya saben los niños acerca del tema. Esto los ayudará a desarrollar su vocabulario y a mejorar su comprensión lectora.

Preguntas y actividades para desarrollar el conocimiento del contexto:
1. Mira la portada del libro. ¿De qué crees que trata este libro?
2. ¿Qué sabes de este tema?
3. Estudiemos el índice. ¿Qué aprenderás en los capítulos del libro?
4. ¿Qué te gustaría aprender sobre este tema? ¿Crees que podrías aprenderlo en este libro? ¿Por qué sí o por qué no?

Desarrollo del vocabulario académico

El desarrollo del vocabulario académico es fundamental para comprender el contenido de las asignaturas. Ayude a su hijo o a sus alumnos a entender el significado de las siguientes palabras del vocabulario.

Vocabulario de contenido por área

Lee la lista de palabras. ¿Qué significa cada palabra?

- abdomen
- combinados
- microscopio
- mudar
- patas articuladas
- segmentados
- tórax
- tronco

Durante la lectura: Componente de escritura

Las estrategias «Durante la lectura» ayudan a establecer conexiones, a monitorear la comprensión, a generar preguntas y a mantener la concentración.
1. Mientras lees, escribe en tu diario de lectura cualquier pregunta que tengas o cualquier cosa que no entiendas.
2. Después de completar cada capítulo, escribe un resumen de este en tu diario de lectura.
3. Mientras lees, establece conexiones con el texto y escríbelas en tu diario de lectura.
   a) Texto para sí mismo: ¿Qué me recuerda esto en mi vida? ¿Cuáles fueron mis sentimientos cuando leí esto?
   b) Texto a texto: ¿Qué me recuerda esto de otro libro que haya leído? ¿En qué se diferencia de otros libros que he leído?
   c) Texto al mundo: ¿Qué me recuerda esto del mundo real? ¿He oído hablar de esto antes? (noticias, actualidad, escuela, etc...).

Después de la lectura: Comprensión y actividad de extensión

Las estrategias «Después de la lectura» ofrecen la oportunidad de resumir, preguntar, reflexionar, discutir y responder al texto. Después de leer el libro, trabaje con su hijo o sus alumnos las siguientes preguntas para comprobar su nivel de comprensión lectora y su dominio del contenido.
1. ¿Cómo clasifican los científicos a los artrópodos? (Resume).
2. ¿Qué puedes concluir de la lectura sobre los miriápodos? (Infiere).
3. ¿Cuáles son las cuatro clases principales de artrópodos? (Responde las preguntas).
4. Si tuvieras que crear una nueva forma de clasificar a los artrópodos, ¿cuántas clases utilizarías? ¿Por qué? (Conexión texto para sí mismo).

Actividad de extensión

Busca información sobre las herramientas que utilizan los científicos para ayudarse a clasificar los artrópodos. Dibuja la que consideres más importante. Explica tu elección.

Índice

*cangrejo rojo
de acantilado*

¡Clasifiquemos!

Los científicos clasifican todos los seres vivos de la Tierra. Observan las formas en que los seres vivos se parecen y se diferencian. Los clasifican en grupos para comprenderlos mejor. Los reinos son los grupos más grandes. Las plantas forman un reino. Los animales forman otro reino.

Grupos de animales

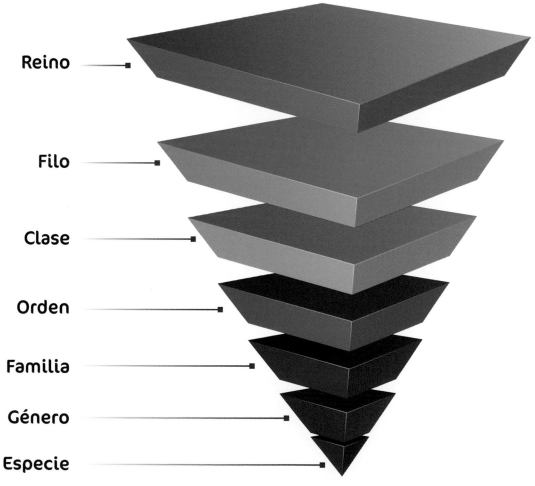

Reino

Filo

Clase

Orden

Familia

Género

Especie

Las cosas que componen un reino son diferentes en más aspectos de los que se parecen. Los científicos dividen los reinos en grupos más pequeños. Cada grupo es un filo. Los artrópodos son el mayor filo del reino animal.

Hay millones de tipos de artrópodos. Tienen cuerpos **segmentados** y **patas articuladas**.

Los artrópodos no tienen columna vertebral. ¡No tienen ningún hueso! Tienen un exoesqueleto. Es una cubierta dura. Ayuda a proteger el interior del artrópodo y le da forma.

ácaro del polvo

¡Corre!
El animal terrestre más rápido es el ácaro. Sus patas articuladas le permiten desplazarse 322 veces la extensión de su cuerpo por cada segundo.

Clases de artrópodos

Los científicos dividen los filos en grupos llamados clases. Muchos científicos clasifican los artrópodos en cuatro clases principales. Son los insectos, los arácnidos, los crustáceos y los miriápodos.

insectos

arácnidos

crustáceos

miriápodos

Las moscas, las abejas y las mariposas son tipos de insectos. El cuerpo de un insecto tiene tres partes principales: la cabeza, el **tórax** y el **abdomen**. Los insectos tienen un par de antenas o sensores en la cabeza. La mayoría de los insectos tienen seis patas articuladas.

tórax

cabeza

abdomen

antenas

patas articuladas

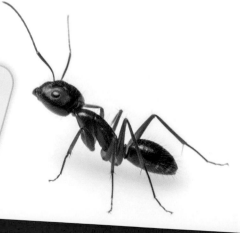

¡Huele!
Las antenas de los insectos hacen algo más que sentir: ¡también pueden oler!

Los arácnidos tienen su propia clase. Cada miembro tiene ocho patas. Tiene dos partes principales del cuerpo. La cabeza y el tórax están **combinados** en una sola parte. El abdomen es la segunda parte del cuerpo. Los arácnidos no tienen antenas.

Las arañas y los escorpiones son arácnidos. Los ácaros y las garrapatas también son arácnidos. Los cangrejos de herradura y los cangrejos reales también pertenecen a esta clase.

tarántula mexicana de anillos rojos

cangrejo

Los crustáceos tienen diez patas. Cada pata tiene dos partes. Tienen dos pares de antenas. Algunos crustáceos tienen tres partes principales del cuerpo, como los insectos. Otros tienen dos partes principales del cuerpo, como los arácnidos. Las langostas, los cangrejos y los camarones pertenecen a esta clase. Los percebes y las cochinillas también son crustáceos.

cochinilla

¡Patas largas!

Los cangrejos gigantes japoneses son los crustáceos más grandes. Miden hasta 13 pies (4 metros) de ancho con las patas extendidas.

Los crustáceos también tienen una cubierta crujiente o dura. No pueden crecer dentro de su duro caparazón. Deben **mudar** para crecer. El artrópodo se desprende de su caparazón duro. Un caparazón fino y blando ocupa el lugar del caparazón duro. El animal crece durante un breve periodo de tiempo. Después, el caparazón vuelve a endurecerse. Esto ocurre muchas veces a lo largo de sus años de crecimiento.

exoesqueleto mudado del cangrejo de herradura

Los miriápodos son la clase más pequeña de artrópodos. Los ciempiés y los milpiés son miriápodos. Tienen más de diez patas. Tienen dos antenas. Su cuerpo tiene dos partes principales: la cabeza y el **tronco**. El tronco puede tener muchos segmentos.

Los miriápodos viven en tierra. Algunos son demasiado pequeños para verlos sin un **microscopio**. Los más grandes miden casi un pie (30 centímetros) de largo.

ciempiés

¿Qué edad tienen?

Los miriápodos son unos de los animales terrestres más antiguos. Los fósiles muestran que se arrastraron por la Tierra unos 200 millones de años antes de que existieran los dinosaurios.

¡Orden, por favor!

escorpión

Los científicos dividen las clases en órdenes. Los escorpiones y las garrapatas están en la misma clase, pero en órdenes diferentes. Hay 11 órdenes en la clase de los arácnidos.

grillo

   Las familias son los grupos más pequeños que componen los órdenes. Los miembros de un grupo son más parecidos a medida que los grupos son más pequeños. Los grillos y los saltamontes pertenecen a la misma clase y orden. Pertenecen a familias diferentes. Los grillos y los saltamontes no están estrechamente relacionados.

saltamontes

Las familias también se dividen en grupos más pequeños. Cada grupo se denomina género. Los miembros de un género están estrechamente relacionados. El cangrejo de río bluegrass y el cangrejo de río peludo pertenecen al mismo género. Se parecen en muchos aspectos.

Tantas especies

Cada género contiene una o más especies. Una especie es un solo tipo de ser vivo. Cada especie pertenece a un solo género.

¡Araña!

La araña de seda de oro pertenece al género Nephila. Esta araña devoradora de murciélagos puede ser más grande que la mano de una persona.

Una especie tiene un nombre común y un nombre científico. El nombre científico tiene dos partes.
La primera parte es el género al que pertenece.
Siempre comienza con una letra mayúscula.
La segunda parte es el nombre de la especie.
Comienza con una letra minúscula.

Mosca doméstica

Reino:	Animalia
Filo:	Arthropoda
Clase:	Insecta
Orden:	Diptera
Familia:	Muscidae
Género:	*Musca*
Especie:	*Musca domestica*

Gasteracantha

Reino:	Animalia
Filo:	Arthropoda
Clase:	Arachnida
Orden:	Araneae
Familia:	Araneidae
Género:	*Gasteracantha*
Especie:	*Gasteracantha cancriformis*

La *Coccinella septempunctata* es una especie de insecto. Es una especie de escarabajo. Su nombre indica que pertenece al género *Coccinella*. El nombre científico es el mismo en todo el mundo.

Muchas catarinas

Hay unas 5000 especies de catarinas. La catarina de siete manchas tiene un cuerpo rojo y negro brillante.

Este escarabajo vive en el Reino Unido. Allí la mayoría de las personas lo llaman *ladybird*. También vive en Estados Unidos. La mayoría de la gente ahí lo llama *ladybug*. *Ladybird* y *ladybug* son dos nombres comunes para el mismo insecto. En español también tiene dos nombres comunes: catarina y mariquita.

catarina/mariquita de siete puntos

Los científicos no se ponen de acuerdo en cómo clasificar los artrópodos. Algunos clasifican los artrópodos en once o más clases. Algunos se fijan más en la similitud de las especies. Otros se fijan más en las diferencias entre ellas. Sin embargo, clasifican los artrópodos por la misma razón. La clasificación de los artrópodos en grupos nos ayuda a comprender mejor a estos seres vivos.

ACTIVIDAD

Construye y clasifica

Haz tu propia colección de artrópodos para compartirla con los demás.

¿Qué necesitas?

papel

lápiz

pinturas, crayones o
 marcadores

platos de papel

arcilla

tijeras

pegamento

limpiapipas

cuentas de plástico
 pequeñas

Instrucciones

1. Elige una clase: insecto, crustáceo, arácnido o miriápodo.
2. Dibuja un boceto del artrópodo que te gustaría hacer. ¿Cuántas patas debería tener? ¿Cuántas partes del cuerpo? ¿Cuántas antenas?
3. Utiliza tus materiales para construir un modelo de tu artrópodo.
4. Etiqueta tu artrópodo con su clase.

Haz más modelos de otros artrópodos. Clasifícalos por clases. Compártelos con tus amigos.

Glosario

abdomen: Parte posterior del cuerpo de un artrópodo.

combinados: Dos o más cosas unidas como una sola.

microscopio: Aparato que hace que las cosas pequeñas parezcan más grandes.

mudar: En este caso, pérdida de un caparazón o cubierta vieja para que crezca una nueva.

patas articuladas: Patas en las que las partes están unidas por partes más blandas o articulaciones que pueden doblarse.

segmentados: Que están formados por secciones o partes.

tórax: Parte central del cuerpo de un artrópodo.

tronco: Parte principal del cuerpo que sigue a la cabeza.

Índice alfabético

Demuestra lo que sabes

1. ¿Por qué los científicos clasifican los seres vivos en grupos?

2. ¿Qué tienen en común todos los miembros del filo de los artrópodos?

3. ¿Cuáles son las principales diferencias entre los insectos, los arácnidos, los crustáceos y los miriápodos?

4. ¿Qué significan las dos partes de un nombre científico?

5. ¿Por qué los crustáceos necesitan mudar?

Lecturas adicionales (en inglés)

Berne, Emma Carlson, *Crustaceans*, Capstone Press, 2017.

Dell, Pamela, *Arachnids*, Capstone Press, 2017.

Romero, Libby, *Ultimate Explorer Field Guide: Insects: Find Adventure! Go Outside! Have Fun! Be a Backyard Insect Inspector!*, National Geographic Children's Books, 2017.

Acerca de la autora

Desde que tiene uso de razón, a Lisa Colozza Cocca le gusta leer y aprender cosas nuevas. Vive en Nueva Jersey, en la costa. Puedes saber más sobre Lisa y su obra en www.lisacolozzacocca.com (página en inglés).

www.rourkebooks.com

PHOTO CREDITS: Cover and Title Pg ©Uwe-Bergwitz; Pg 3 ©xeni4ka; Pg 4 ©lvcandy; Pg 5 ©Steve Debenport; Pg 6 ©Martina_L, animatedfunk, Pg 7 ©ABDESIGN, ©yothinpi, ©zhengzaishuruAntagain; Pg 8 ©Antagain, ©lamyai; Pg 9 ©Okea; Pg 10 ©Delpixart, ©DanielaAgius, ©Wiki; Pg 11 ©BobMcLeanLLC; Pg 12 ©ncognet0, ©TommyIX; Pg 13 ©johnaudrey, ©Gearstd; Pg 14 ©PetrP, ©ithinksky; Pg 15 ©Guenter A. Schuster; Pg 16 ©photographereddie; Pg 17 ©DirkRietschel, ©dossyl, ©Antagain; Pg 18 ©ConstantinCornelDenisVesely; Pg 19 ©Antagain, Pg 20 ©sidsnapper; Pg 22 ©macroworld

Editado por: Laura Malay
Diseño de la tapa e interior: Kathy Walsh
Traducción: Santiago Ochoa

Library of Congress PCN Data

Artrópodos / Lisa Colozza Cocca
(¡Los animales también tienen clases!)
 ISBN 978-1-73165-459-5 (hard cover)
 ISBN 978-1-73165-510-3 (soft cover)
 ISBN 978-1-73165-543-1 (e-book)
 ISBN 978-1-73165-576-9 (e-pub)
Library of Congress Control Number: 2022940979

Rourke Educational Media
Printed in the United States of America
01-0372311937